Made in the USA
Monee, IL
26 September 2021

78785722R00066